ENCYCLOPÉDIE-RORET

CHARPENTIER

ATLAS

PARIS
ENCYCLOPÉDIE-RORET
L. MULO, LIBRAIRE-ÉDITEUR
12, RUE HAUTEFEUILLE, VIe

ENCYCLOPÉDIE-RORET

CHARPENTIER

Bar-sur-Seine. — Imp. Ve C. Saillard.

MANUELS-RORET

NOUVEAU MANUEL COMPLET

DU

CHARPENTIER

OU

TRAITÉ ÉLÉMENTAIRE ET PRATIQUE
DE CET ART

ATLAS

PARIS
ENCYCLOPÉDIE-RORET
L. MULO, LIBRAIRE-ÉDITEUR
12, RUE HAUTEFEUILLE, VIe

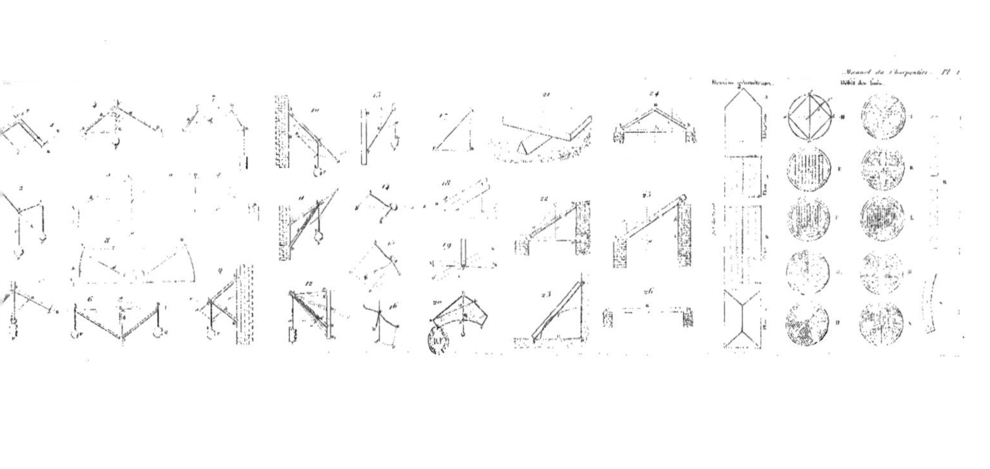
Dessins géométraux.
Débit des bois.

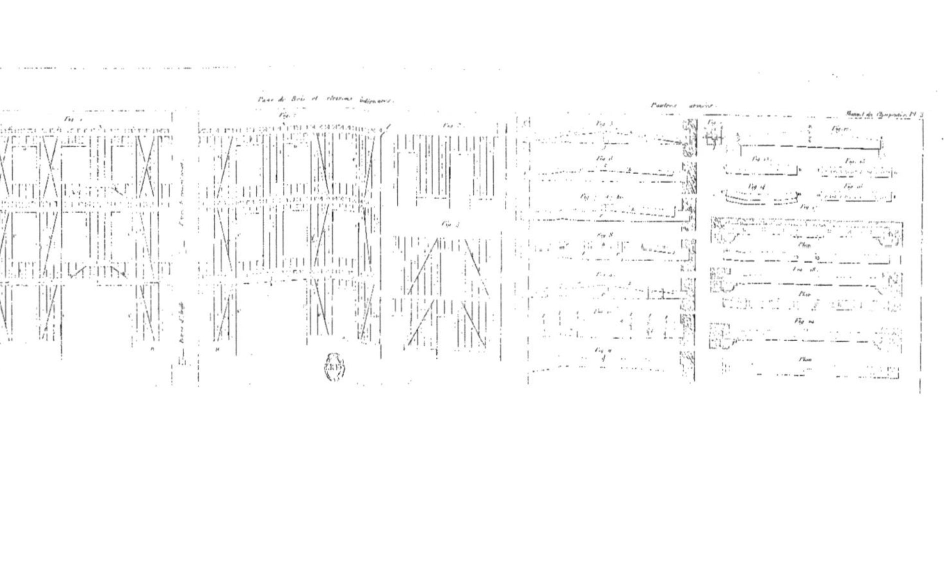

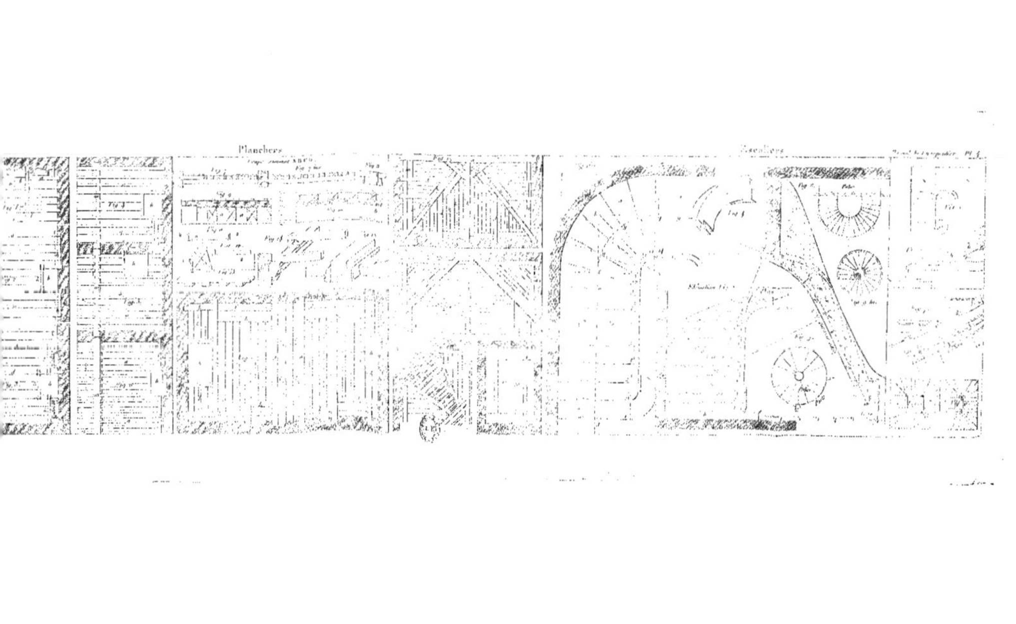

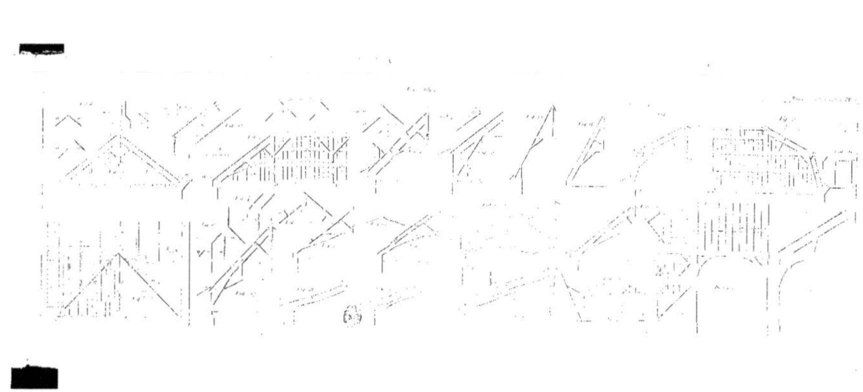

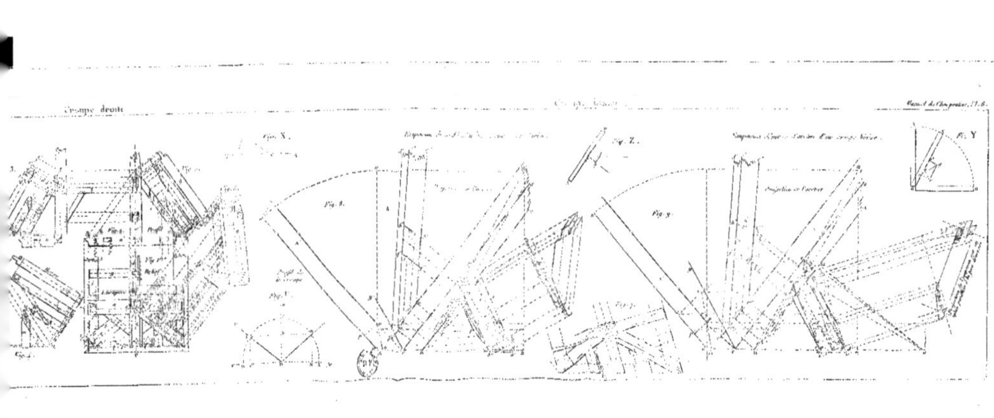

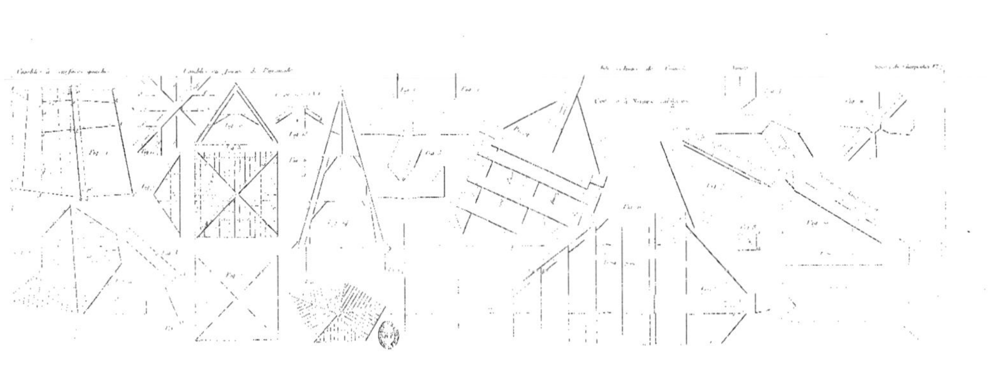

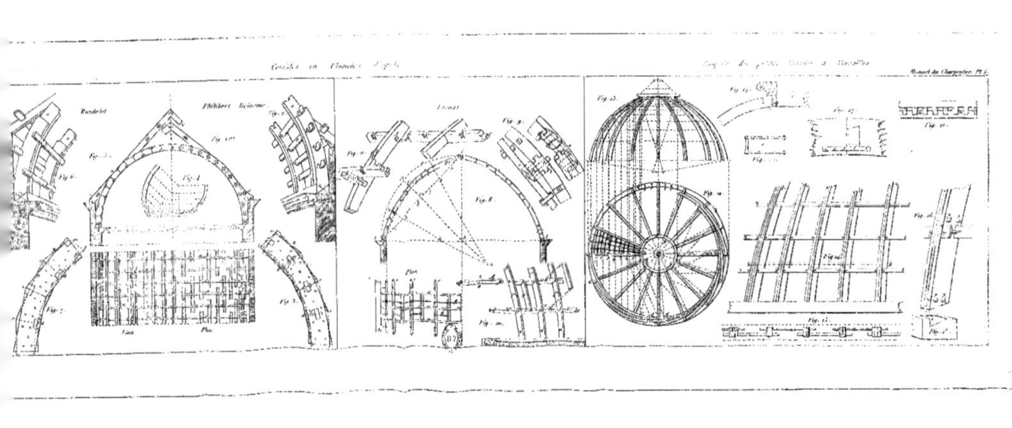

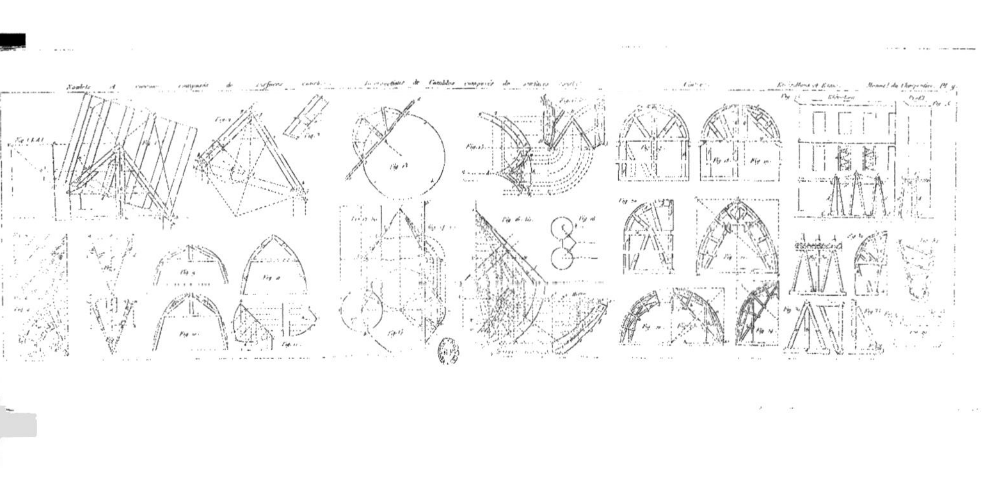

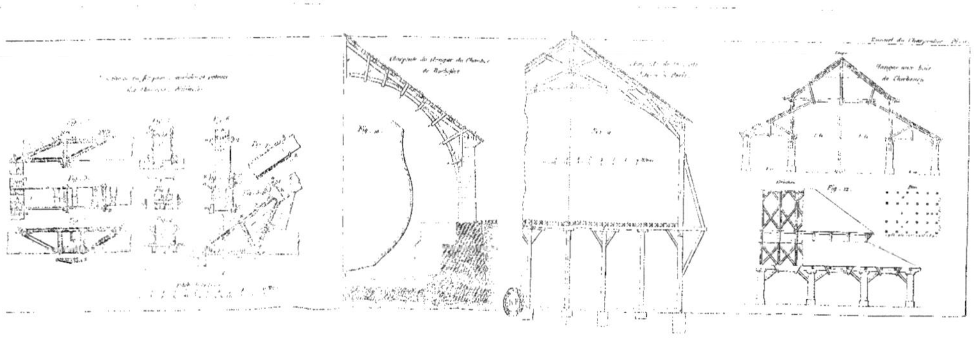

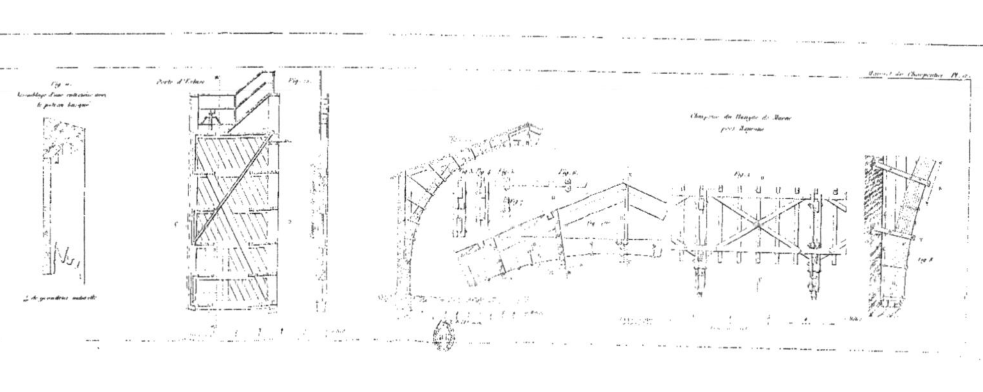

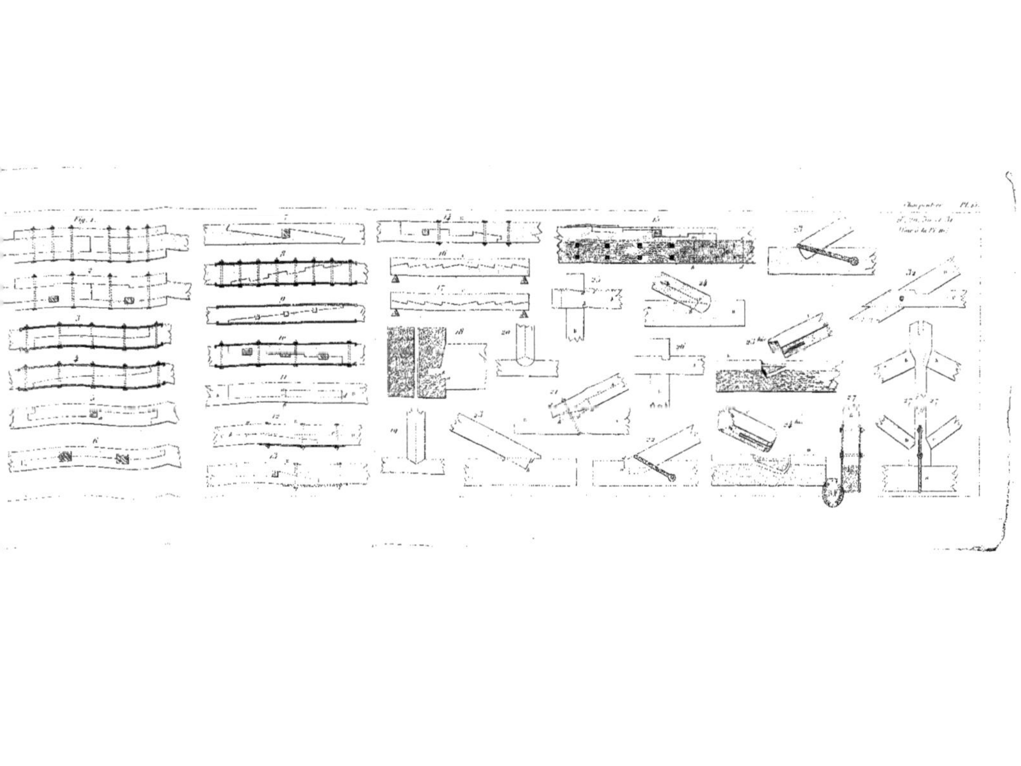

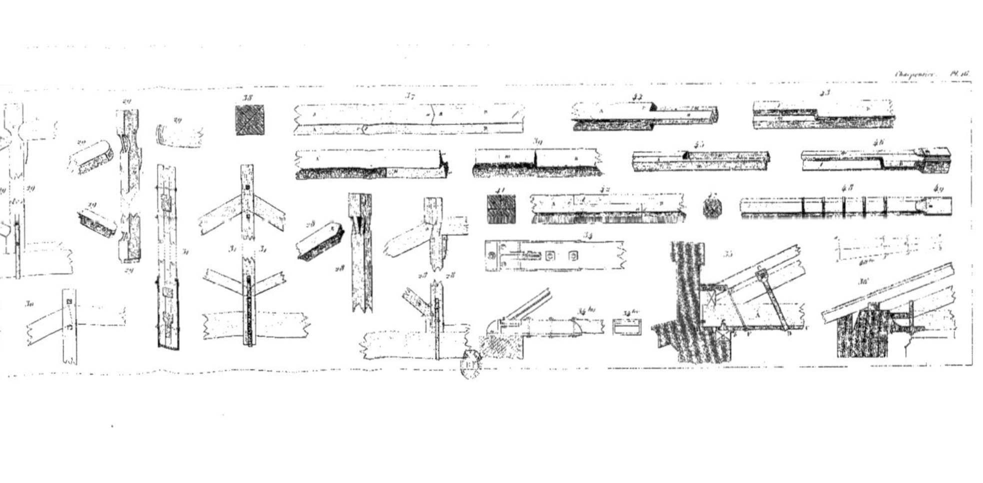

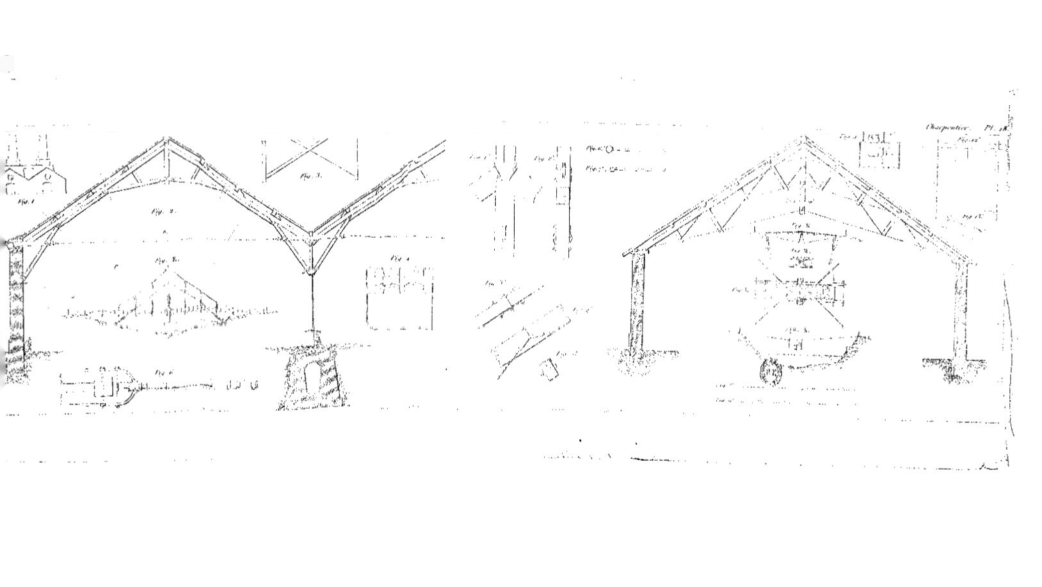
Charpentier. Pl. 18.

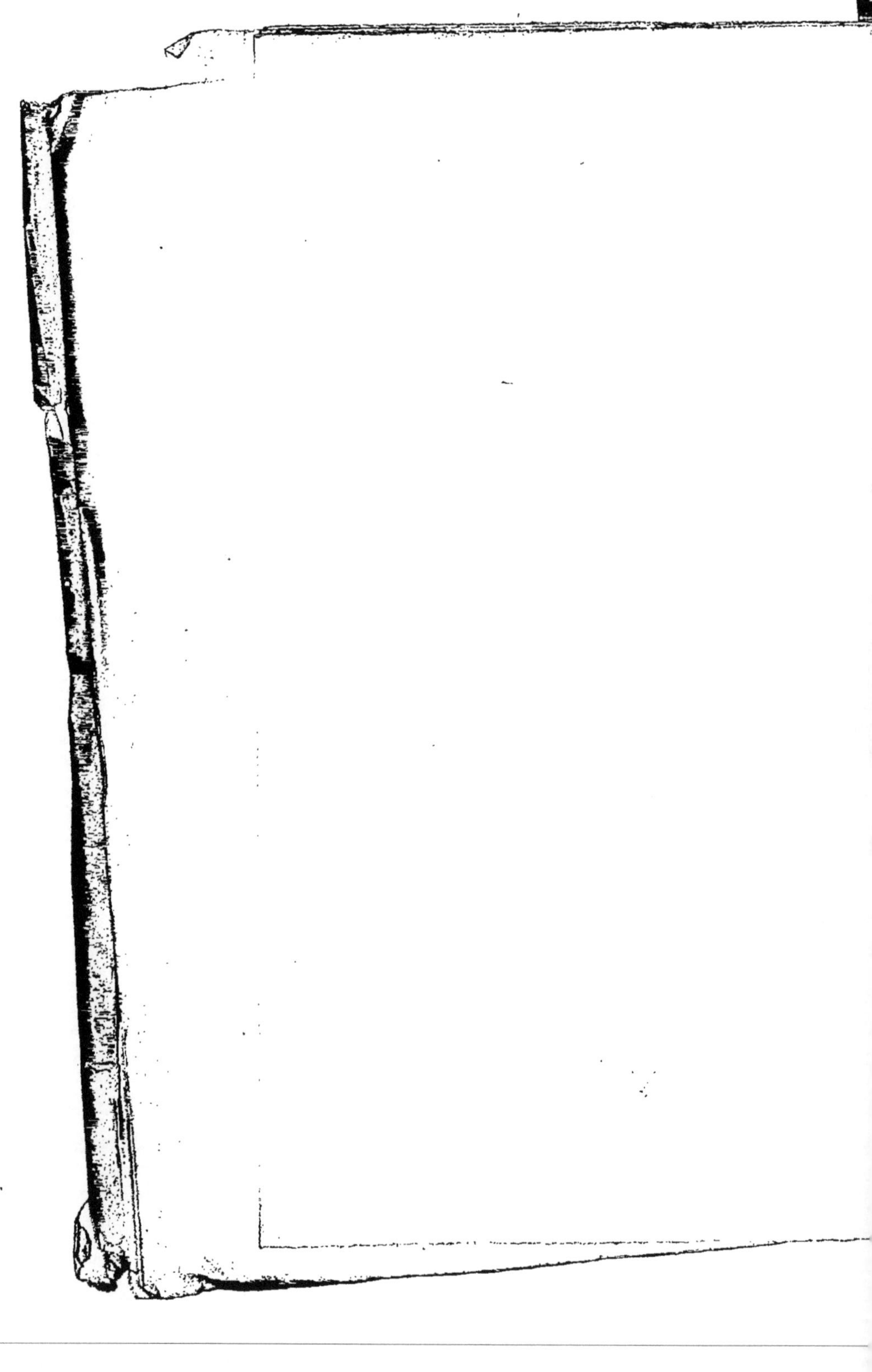

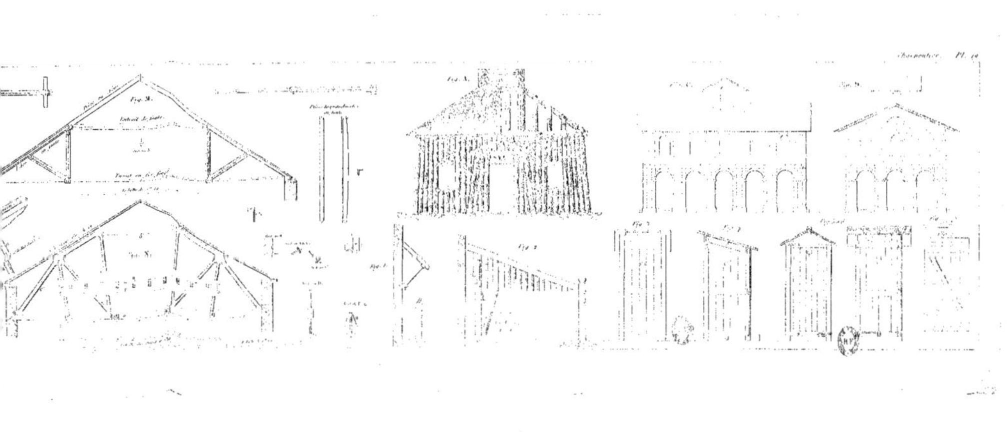

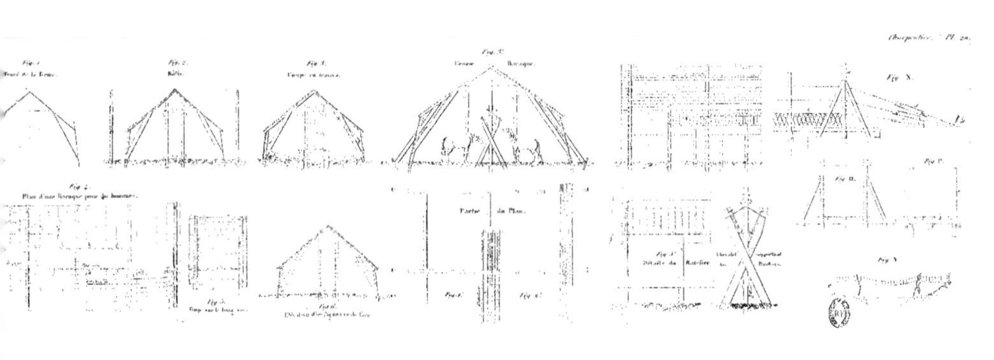

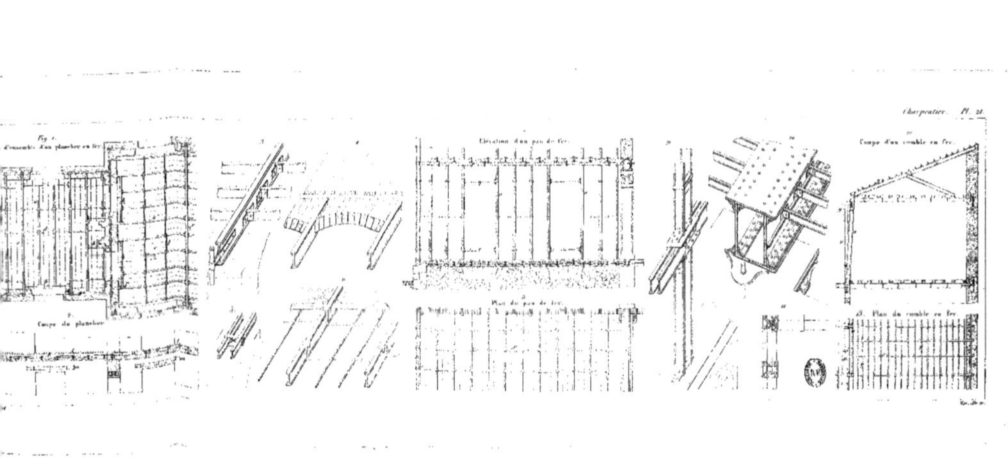
Fig. 1.
d'ensemble d'un plancher en fer.
2.
Coupe du plancher.
3
4
Élévation d'un pan de fer.
Plan du pan de fer.
9
10
12
Coupe d'un comble en fer.
11
13. Plan du comble en fer.

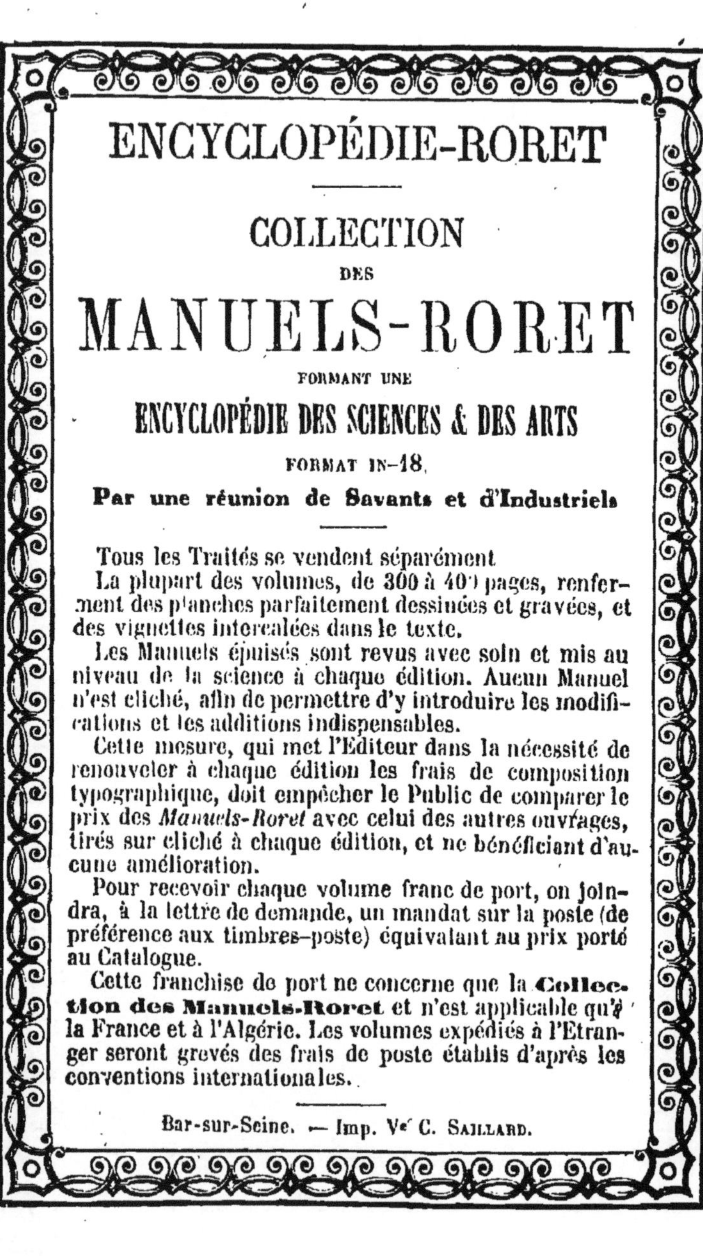

ENCYCLOPÉDIE-RORET

COLLECTION

DES

MANUELS-RORET

FORMANT UNE

ENCYCLOPÉDIE DES SCIENCES & DES ARTS

FORMAT IN-18.

Par une réunion de Savants et d'Industriels

Tous les Traités se vendent séparément

La plupart des volumes, de 300 à 400 pages, renferment des planches parfaitement dessinées et gravées, et des vignettes intercalées dans le texte.

Les Manuels épuisés sont revus avec soin et mis au niveau de la science à chaque édition. Aucun Manuel n'est cliché, afin de permettre d'y introduire les modifications et les additions indispensables.

Cette mesure, qui met l'Éditeur dans la nécessité de renouveler à chaque édition les frais de composition typographique, doit empêcher le Public de comparer le prix des *Manuels-Roret* avec celui des autres ouvrages, tirés sur cliché à chaque édition, et ne bénéficiant d'aucune amélioration.

Pour recevoir chaque volume franc de port, on joindra, à la lettre de demande, un mandat sur la poste (de préférence aux timbres-poste) équivalant au prix porté au Catalogue.

Cette franchise de port ne concerne que la **Collection des Manuels-Roret** et n'est applicable qu'à la France et à l'Algérie. Les volumes expédiés à l'Etranger seront grevés des frais de poste établis d'après les conventions internationales.

Bar-sur-Seine. — Imp. Ve C. SAILLARD.

www.ingramcontent.com/pod-product-compliance
Ingram Content Group UK Ltd.
Pitfield, Milton Keynes, MK11 3LW, UK
UKHW021021180726
13838UKWH00004B/1598